BOEKANALYSE

AF142090

De dame met de camelia's

Alexandre Dumas fils

BOEKANALYSE

Geschreven door Noé Grenier
Vertaald door Nikki Claes

De dame met de camelia's

Alexandre Dumas fils

ALEXANDRE DUMAS FILS

FRANSE SCHRIJVER

- **Geboren in 1824 in Parijs**
- **Overleden in 1895 te Marly-le-Roi**
- **Enkele van zijn werken:**
  - *De affaire Clemenceau, memoires van de beschuldigden (1866), roman*
  - *Le Fils naturel (1858), toneelstuk*
  - *Un père prodigue (1859), toneelstuk*

Alexandre Dumas fils draagt dezelfde naam als zijn vader, de beroemde auteur van De *Drie Musketiers*. Met *La Dame aux camélias,* gepubliceerd in 1848, onderscheidde hij zich als getalenteerd schrijver en stapte hij uit de schaduw van zijn vader. Tijdens zijn leven was hij vooral bekend om zijn theaterwerk, hoewel hij ook talrijke romans schreef. Zijn werk wordt gekenmerkt door een verzorgde stijl en geestige, gebeitelde zinnen, bijzonder geschikt voor het theater. Hij stond heel dicht bij het realisme in de literatuur. Zijn werk onderscheidt zich door het moralistische karakter en de kritiek op zijn tijd.

DE DAME MET DE CAMELIA'S

DE ONMOGELIJKE LIEFDE VAN EEN PARIJSE COURTISANE IN DE 19E EEUW [E]

- **Genre:** roman

- **Referentie-uitgave**: *La Dame aux camélias,* Parijs, Le Livre de Poche, 1975, 285 blz.

- **1e druk:** 1848

- **Thema's:** liefde, realisme, Parijse leven, 19e eeuw, courtisanes, jaloezie

The Lady of the Camellias werd geschreven door Alexandre Dumas fils na de dood van zijn vroegere minnares en eerste liefde, Marie Duplessis, een prominente courtisane in Parijs in het midden van de jaren 1900. Deze roman, die beschouwd wordt als een van de voorlopers van het realisme, werd door de auteur zelf bewerkt voor het toneel. Het is een klassieker in de literatuur geworden en in vele vormen bewerkt (opera, film, ballet). De roman beschrijft de liefdesrelatie tussen Armand Duval, een gepassioneerde jongeman, en Marguerite Duval, een "gehouden vrouw". Hun relatie wordt bemoeilijkt door het verleden van Marguerite, dat hen voortdurend inhaalt, hetzij door de jaloezie van Armand, hetzij door de afkeuring van zijn vader.

SAMENVATTING

ALEXANDRE DUMAS ONTMOET ARMAND DUVAL

Het verhaal begint in Parijs in 1847. In de eerste hoofdstukken is Alexandre Dumas fils de verteller. Hij vertelt hoe hij hoort over de dood van een beroemde courtisane, Marguerite Gautier. De vrouw stierf vol schulden en er werd een veiling van haar persoonlijke bezittingen georganiseerd. De verteller gaat erheen om het evenement bij te wonen. Veel dames van de «Tout-Paris», edelen en respectabele bourgeoisie, zijn aanwezig. Ze komen uit nieuwsgierigheid, om een glimp op te vangen van de schandalige levensstijl van een "onderhouden" vrouw, en in de hoop een van de vele luxeartikelen die Marguerite Gautier tijdens haar leven van haar minnaars heeft gekregen, in bezit te kunnen nemen. Alexandre Dumas koopt voor een hoge prijs een boek, *Manon Lescaut,* waarin een briefje zit van een zekere Armand Duval.

Later ontmoet Alexandre Dumas fils Armand Duval, die naar Dumas' huis komt om het boek te kopen dat hij zelf aan de overleden Marguerite Gautier had gegeven. De twee jonge mannen raken bevriend en Dumas verneemt dat Armand Duval een van de vele minnaars van Marguerite Gautier is geweest. De laatste lijkt bijzonder getroffen door de dood van zijn vroegere minnares. Hij legt Alexandre Dumas fils uit dat hij van plan is een eeuwigdurend perceel voor haar te kopen op het kerkhof van Montmartre. In feite was dit de enige manier waarop hij haar lijk kon zien. Hij was afwezig op het moment van haar dood en moet haar levenloze lichaam zien om te rouwen. Armand Duval ziet eindelijk het reeds ontbindende lijk van zijn vroegere geliefde. De schok maakt hem ernstig ziek, en Alexandre Dumas fils houdt de wacht aan zijn bed. Het is dan dat Armand Duval hem begint te vertellen over zijn liefde voor de courtisane Marguerite Gautier, in Parijs bekend als De dame met de camelia's.

ARMAND DUVAL ONTMOET MARGUERITE GAUTIER

Vanaf dat moment wordt Armand Duval de verteller van het verhaal. De eerste keer dat hij Marguerite Gautier ontmoet is tijdens een wandeling op de Place de la Bourse. Hij ziet haar een winkel binnengaan en wordt onmiddellijk getroffen door haar gratie en grote schoonheid. Hij durfde haar niet te benaderen. Een paar dagen later, op weg naar de Opéra-Comique met een vriend, zag Armand Duval Marguerite in een box tegenover de zijne. Hij vraagt zijn vriend, die de Vrouwe van de Camelia's kent, haar aan hem voor te stellen. Deze eerste ontmoeting verloopt niet naar Armands zin, want Marguerite drijft de spot met hem en hij zet zichzelf voor gek, beledigd door deze spot. Toch volgt Armand haar discreet na de voorstelling, naar haar voordeur. Vanaf dat moment ontwikkelt de jongeman een obsessie voor Marguerite, die hij vaak ziet.

Op een dag verneemt Armand dat zij ziek is van tuberculose en hij vraagt regelmatig nieuws van mensen die hem informatie kunnen geven. Omdat hij altijd aan De dame met de camelia's dacht, besloot Armand haar opnieuw te ontmoeten. Op een avond, in het Variétés theater, zag hij haar in gezelschap van een dame van in de veertig, een voormalige courtisane genaamd Prudence Duvernoy. Hij benadert haar en verneemt dat zij de buurvrouw is van Marguerite Gautier. Armand vraagt haar dan om hem voor te stellen aan Marguerite. Prudence accepteert en er wordt afgesproken dat hij en zijn vriend Gaston, die hem die avond vergezelt, samen naar het huis van Prudence gaan. Die avond krijgt Marguerite Gautier bezoek van een van haar vrijers, de graaf van G., die haar vreselijk irriteert. Ze vraagt Prudence mee naar haar huis en stemt ermee in dat ze met haar twee gasten meegaat. Zo komt Armand terecht in het huis van Marguerite Gautier. Nadat hij zich bij haar heeft onderscheiden met zijn gevatheid, vertelt hij haar dat hij de mysterieuze jongeman is die haar ziekte regelmatig heeft gecontroleerd. In de loop van de avond verleidt hij haar uiteindelijk en bekent hij zijn gevoelens. De courtisane stemt ermee in zijn minnares te worden en geeft hem een afspraakje voor de volgende dag.

ARMAND EN MARGUERITE WORDEN GELIEFDEN

Armand en Marguerite brengen hun eerste twee liefdesnachten samen door, maar de jongeman vindt het moeilijk te aanvaarden dat zijn minnares officieel verbonden is met een hertog die haar onderhoudt en dat de graaf van G., haar vroegere minnaar, haar nog steeds ijverig het hof maakt. Prudence, de vriendin en vertrouweling van Marguerite, probeert Armand tot rede te brengen: de jonge vrouw is een courtisane, die zich aanbiedt aan rijke vrijers in ruil voor geschenken, materiële voordelen en geld. Voor Prudence moet Armand niet meer dan een voorbijgaande affaire verwachten, hoewel Armand en Marguerite verliefd zijn. Maar Armand wordt verteerd door jaloezie en op de derde avond, als hij zich realiseert dat Marguerite de nacht doorbrengt met de graaf van G., besluit hij een ironische en breekbrief te schrijven aan Marguerite, in de hoop op een reactie of antwoord van haar. Als Marguerite uiteindelijk niet antwoordt, besluit Armand, gedreven door trots en jaloezie, Parijs te verlaten en terug te keren naar zijn vader. Maar hoe jaloers hij ook is, hij is niet minder smoorverliefd en via Prudence schrijft hij een brief aan Marguerite waarin hij zich verontschuldigt. Ze verschijnt bij hem thuis net voordat Armand Parijs verlaat. Armand werpt zich aan Marguerite's voeten om haar vergiffenis af te smeken. Wanneer Armand zijn jaloezie verklaart, antwoordt Marguerite: "Wel, mijn vriend, je had wat minder van me moeten houden of me wat meer moeten begrijpen" (p. 145). Uiteindelijk vergeeft Marguerite Armand zijn jaloezie, nadat ze hem de verplichtingen van een courtisane heeft uitgelegd en hem heeft herinnerd aan haar liefde voor hem.

Armand besluit zijn leven en zijn manier van kijken te veranderen om de schandalige levensstijl van zijn minnares te accepteren. Hij wordt verteerd door liefde en heeft grote moeite zijn jaloezie te onderdrukken. Hij begint een hectische levensstijl te leiden, afwisselend met afspraakjes, feestjes en gokken. Hij slaapt nauwelijks en leeft alleen voor zijn passie met Marguerite. Tijdens een dag op het platteland ziet het stel een huis dat hen bevalt. Marguerite besluit de hertog, die haar "beschermt", te vragen het huis te huren, onder het voorwendsel dat ze weg wil uit het immorele leven in Parijs.

De hertog is bereid het huis in Bougival te huren en ziet het als een kans om zijn protégée te behoeden voor een leven van losbandigheid. Maar voor Marguerite is het een list om haar relatie met Armand vrijer te kunnen beleven. Uiteindelijk komt de hertog achter het schandaal en laat Marguerite in de steek. De Vrouwe van de Camelia's moet de luxe opgeven waaraan haar leven als courtisane haar gewend was. Zij brengt dit offer uit liefde voor Armand en verkoopt in het geheim haar juwelen en rijkdom om de schulden af te lossen die zijn ontstaan nadat de hertog haar niet langer steunt. Ondanks de geldproblemen hebben Armand en Marguerite een oprechte liefde voor elkaar en beleven ze de beste dagen van hun liefde in Bougival. Ze beloven elkaar uiteindelijk een trouwe liefde en besluiten terug te keren naar Parijs om zich samen te vestigen.

ARMAND'S VADER KOMT TUSSENBEIDE

Dan arriveert Armand's vader in Parijs. Hij heeft gehoord van de relatie van zijn zoon met een beroemde courtisane en is van plan dit te voorkomen om de familie-eer te behouden. Eerst probeert hij Armand af te raden, maar zonder succes. Als hij op een dag terugkeert uit het huis van zijn vader, vindt Armand leeg. Hij gaat op zoek naar Marguerite en ontvangt een brief van haar waarin ze hem vertelt dat ze hem bedriegt en dat ze uit elkaar moeten gaan. Hij is kapot van verdriet en verlaat Parijs om zijn vader te bezoeken. Hoewel hij hersteld is, blijft hij aan Marguerite denken en besluit hij terug te keren naar Parijs. Daar ontmoet hij Marguerite weer met een andere mooie vrouw en besluit wraak te nemen. Hij verleidt Marguerite's vrouw, Olympe, en vertoont zich in het openbaar met haar. Zijn relatie met Olympe maakt Marguerite erg verdrietig. Uiteindelijk bezoekt ze Armand en vraagt hem te stoppen met zijn wrede spel. De jongeman verneemt dan dat Marguerite opnieuw ernstig ziek is geworden. Ze brengen samen een nacht van liefde door, waarna Marguerite Armand belooft dat ze altijd zijn minnares kan zijn, maar niet zijn metgezel. De volgende dag probeert Armand Marguerite weer te zien, maar zij is bij de graaf van G. Gek van woede schrijft hij haar een beledigende brief en vertrekt naar Egypte.

DE LIJDENSWEG VAN MARGUERITE

De rest van het verhaal wordt niet verteld door Armand. Alexandre Dumas fils vertelt dat deze laatste in slaap valt nadat hij de verteller de dagboeken heeft toevertrouwd die Marguerite na haar vertrek heeft geschreven en die hem na haar dood zijn toevertrouwd. In deze dagboeken neemt Marguerite Armand in vertrouwen. Ze vertelt hem de reden van hun breuk: ze had bezoek gekregen van haar vader, die haar ervan had overtuigd hem te verlaten omwille van haar familie. Armands liefdesaffaire met een courtisane bracht de eer van zijn familie in gevaar en verhinderde dat zijn zus een echtgenoot vond. Uiteindelijk was het uit liefde voor Armand dat Marguerite werd overgehaald hem te verlaten. In de rest van het dagboek beschrijft ze haar kwelling en twijfels: lijdend en eenzaam vraagt ze zich af waar haar geliefde is en wenst ze zijn terugkeer, wat volgens haar herstel zou bevorderen. Ze hoopt vooral dat hij haar zal vergeven voor de pijn die ze hem heeft aangedaan. Uiteindelijk sterft Marguerite zonder Armand terug te zien, nog steeds in Egypte.

KARAKTERSTUDIE

ARMAND DUVAL

Armand Duval, een gepassioneerd en emotioneel man, is de hoofdpersoon in dit verhaal, samen met Marguerite Gautier. In de roman is hij de vriend van Alexandre Dumas fils en de minnaar van het jonge meisje. Hij wordt beschreven als een jonge man in de twintig, lang, bleek en met blond haar. We kunnen raden dat hij aantrekkelijk genoeg was om de aandacht te trekken van Marguerite Gautier, de Vrouwe van de Camelia's. Wanneer hij Alexandre Dumas fils ontmoet, terwijl hij rouwt om zijn grote liefde, is Armand letterlijk ziek van verdriet: hij heeft koorts, huilt voortdurend en valt verschillende keren flauw. Geboren in een bourgeois provinciegezin, is hij door zijn vader naar Parijs gestuurd om een opleiding tot advocaat of arts te volgen. Hij leeft van de erfenis van zijn overleden moeder en een pensioen van zijn vader. In Parijs genoot hij van het sociale leven en bezocht hij theaters en opera's, waar hij Marguerite Gautier ontmoette. Het was zijn waanzinnige liefde en zijn oprechte zorg voor haar gezondheid en geluk die haar verleidde. Armand weet heel goed dat hij verliefd wordt op een courtisane met een zwavelachtig verleden die nog steeds andere minnaars ziet. Hij kan dit echter niet accepteren en voelt een vreselijke jaloezie. Deze jaloezie, die hij nooit helemaal van zich af kan schudden, doet hem veel pijn en vormt de basis van zijn relatie met Marguerite, wier stabiliteit er voortdurend door wordt bedreigd. Het is inderdaad jaloezie die hem ertoe aanzet

Marguerite de eerste keer te verlaten, en het is jaloezie die hem doet twijfelen aan Marguerites wens haar leven als courtisane voor hem op te geven. Uiteindelijk zijn het jaloezie en trots die hem ertoe drijven Marguerite te laten lijden, en zij kan de kracht niet vinden om zowel de ziekte als het verdriet te bestrijden en bezwijkt uiteindelijk.

Armand is ook een liefhebbende en trouwe zoon. Wanneer zijn vader wil verzetten tegen zijn relatie met Marguerite, wordt Armand overmand door twijfel. Uiteindelijk zoekt hij zijn toevlucht bij zijn vader als hij het slachtoffer wordt van een list van zijn vader om hem van Marguerite te scheiden.

MARGUERITE GAUTIER

Marguerite wordt beschreven als een vrouw van uitzonderlijke schoonheid. Ze is lang en slank, met lang zwart haar. Aangezien de schoonheid van Marguerite een van de sleutelelementen van de roman is, moeten we het misschien aan de auteur overlaten om haar gezicht te beschrijven, met zijn karakteristieke talent:

> *"In een ovaal van onbeschrijfelijke gratie, zwarte ogen geplaatst met daarboven wenkbrauwen van een boog zo zuiver dat het geschilderd leek; deze ogen gesluierd met grote wimpers die, wanneer ze neergelaten worden, schaduw werpen op de roze tint van de wangen; spoor een fijne, rechte, spirituele neus, met neusgaten een beetje geopend door een vurig streven naar zinnelijk leven; Teken een regelmatige mond, waarvan de lippen sierlijk geopend zijn over melkwitte tanden; kleur de huid met die fluweelachtigheid die perziken bedekt die geen hand hebben aangeraakt, en je hebt het geheel van dit charmante hoofd." (p.28)*

Marguerite is een courtisane, een "vrouw in de zorg". In die tijd, in de sociale kringen van Parijs, leefden sommige vrouwen in contact met de high society, waarvan ze minnaars namen. Ze ruilden hun genade voor materiële voordelen: geschenken, maar ook geld. Dit was geen prostitutie zoals wij het vandaag de dag zouden noemen: deze vrouwen kozen hun minnaars uit vrije wil en rekenden geen geld voor seksuele diensten. Het was eerder een kwestie van zelfzuchtige liefdesaffaires. In deze roman is Marguerite de meest begeerde courtisane in Parijs. Ze heeft de bijnaam Vrouwe van de Camelia's, omdat ze altijd versierd is met deze bloemen. Zij onderscheidt zich van de andere courtisanes van haar tijd door haar grootsheid van geest en haar adel. In de loop van de roman wordt Marguerite verliefd op Armand Duval. Ze besluit haar leven als courtisane op te geven en haar fortuin en toekomst op te offeren voor Armand. Daarbij onthult ze een loyaliteit en wilskracht die niemand vermoedde in een courtisane. Helaas, de reputatie van een courtisane achtervolgt haar nog steeds. De sociale druk van die tijd belemmert haar liefde voor Armand. Wanneer Armands vader uitlegt dat Marguerite Armand alleen kan schaden door van hem te houden, is Marguerite overtuigd. Hier brengt zij het grootste offer, dat haar Armands liefde en haar leven zal kosten: zij besluit haar liefde voor Armand af te zweren en terug te keren naar haar leven als courtisane. Ze wordt ziek en sterft aan tuberculose in bittere eenzaamheid.

PRUDENCE DUVERNOY

Prudence is Marguerite's buurvrouw en vriendin. Ze is een vrouw van in de veertig, een voormalige courtisane die haar charmes heeft verloren. Ten tijde van het verhaal is zij hoedenmaakster, maar slaagt er niet in veel van haar artikelen te verkopen. In feite leeft ze van Marguerite Gautier. Marguerite "leent" haar geld dat ze nooit probeert terug te krijgen, koopt haar hoeden die ze nooit draagt en geeft haar geschenken van haar minnaars waar ze niet in geïnteresseerd is. Prudence is ook Marguerites vertrouweling en het is via haar dat Armand Duval erin slaagt Marguerite Gautier te ontmoeten en te verleiden. Ondanks Marguerite's vrijgevigheid tegenover Prudence, laat deze laatste haar in de steek wanneer Marguerite haar het meest nodig heeft. Prudence ziet Marguerite niet meer als ze stervende is, met schulden en berooid. Er is geen fysieke beschrijving van Prudence, hoewel we weten dat ze "dik" is (p77). Prudence is, net als de andere secundaire personages in deze roman, een slecht ontwikkeld personage. Met haar schijnheilige toespraken over de onmogelijkheid om van een courtisane te houden en haar egoïstische vriendschap dient zij vooral om de grootheid van geest, de onbaatzuchtige vrijgevigheid en het liefdevolle karakter van Marguerite Gautier te benadrukken.

MR DUVAL

Monsieur Duval is de vader van Armand. Hij arriveert in Parijs zodra hij hoort van de liefdesaffaire van zijn zoon met een beroemde courtisane. Hij zal alles doen om deze relatie tegen te gaan en de eer van zijn familie te behouden. Hij wil zijn dochter uithuwelijken en de familie van de bruidegom weigert het huwelijk te aanvaarden, wetende dat de broer van de bruid schandalige relaties heeft met een gehouden vrouw. Uiteindelijk overtuigt hij Marguerite om Armand te verlaten, zonder dat deze van het plan afweet. Er wordt geen fysieke beschrijving van hem gegeven, en het personage wordt weinig ontwikkeld in de roman. Monsieur Duval is de belichaming van de burgerlijke moraal van die tijd. Door hem wordt de roeping tot liefde en geluk van courtisanes aangevochten in naam van de morele waarden van die tijd. Uiteindelijk is hij het die besluit dat een vrouw met een te schandalig verleden niet het geluk van de ware liefde kan ervaren.

OLYMPE

Olympe is een courtisane. Een mooie jonge vrouw met blauwe ogen, blond en slank. Armand verleidt haar om Marguerite te laten lijden. Olympe heeft een futiel en egoïstisch karakter. Ze begrijpt dat Armand haar verleidt om Marguerite te laten lijden, en ze verdubbelt haar kwaadaardigheid jegens Marguerite om Armand een plezier te doen. Daarentegen brengt Olympe, een courtisane zoals Marguerite, de adel en goedheid van Marguerite naar voren.

SLEUTELS TOT HET LEZEN

HET WARE VERHAAL
VAN MARIE DUPLESSIS

The Lady of the Camellias is een roman. Maar het is gebaseerd op echte personages en een waargebeurd verhaal. De auteur kondigt dit aan het begin van de roman aan:

> *"Omdat ik nog niet oud genoeg ben om te verzinnen, ben ik tevreden om te vertellen. Daarom dring ik er bij de lezer op aan zich te laten overtuigen van de realiteit van dit verhaal, waarin alle personages, met uitzondering van de heldin, nog in leven zijn" (p. 17).*

Marguerite Gautier is in feite de avatar van een echte courtisane, Marie Duplessis. Alexandre Dumas fils, de auteur van dit boek, was haar minnaar. *The Lady of the Camellias gaat* over de liefde van Alexandre Dumas fils voor Marie Duplessis, maar niet alle gebeurtenissen in de roman komen overeen met de echte liefdesgeschiedenis. Alexandre Dumas fils en Marie Duplessis hadden bijvoorbeeld nooit een idyllische liefdesrelatie in Bougival, zoals Armand en Marguerite in de roman. In feite was de liefdesgeschiedenis tussen Alexandre Dumas fils en Marie Duplessis veel minder glorieus dan die welke in de roman wordt beschreven, als we de commenta- toren mogen geloven. Net als in de roman ontmoette Alexandre Dumas fils Marie Duplessis voor het eerst op de Place de la Bourse, waar hij getroffen werd door haar schoon- heid. Hij benaderde haar enkele jaren later, in 1844, in het Théâtre des Variétés. Hun relatie eindigde in 1845 na een ruzie. Alexandre Dumas fils schreef haar: "Mijn lieve Marie, ik ben niet rijk genoeg om je te beminnen zoals ik zou willen, noch arm genoeg om bemind te worden zoals jij zou willen. Laten we daarom beiden vergeten, jij een naam die je onverschillig moet laten, ik een geluk dat voor mij onmogelijk wordt". Alexandre Dumas fils transcribeert deze brief zoals hij in de roman staat, wanneer Armand voor het eerst breekt met Marguerite (p. 134)

Na deze brief werd Marie Duplessis de geliefde van de Hongaarse componist en pianist Franz Liszt. Net als Marguerite stierf ook zij in februari 1847 in Parijs aan tuberculose, terwijl Alexandre Dumas fils op reis was in Marseille. Dumas schreef *La Dame aux Camélias* in een maand. Het boek werd gepubliceerd in 1848. De vader van Armand komt ook niet overeen met de vader van Alexandre Dumas fils, want Alexandre Dumas stond bekend om zijn losbandige leven en losse moraal.

In de roman splitst Alexandre Dumas fils zich in tweeën: hij wordt de gesprekspartner van zijn personage, Armand Duval, die niettemin de auteur belichaamt op dezelfde manier als Marguerite Gautier Marie Duplessis belichaamt. In dit verband moet worden opgemerkt dat het personage Armand Duval en zijn auteur dezelfde initialen hebben: A.D., een bewijs dat Alexandre Dumas fils zich terdege bewust was van het literaire proces dat hij toepaste.

REALISME EN MAATSCHAPPIJKRITIEK

Een realistische roman

The Lady of the Camellias wordt vaak beschouwd als een voorloper van de realistische roman. De opkomst van het realisme in de literatuur wordt gewoonlijk gedateerd vanaf 1850, na de staatsgreep van Napoleon III. Deze literaire stroming stelde zich ten doel de sociale werkelijkheid van die tijd en de individuen te beschrijven: het moet een zo getrouw mogelijke weergave van de werkelijkheid zijn. [e]Fictieve en heroïsche thema's worden verlaten ten gunste van sociale beschrijving: het realisme roept werk op, het groeiende belang van geld in de 19e-eeuwse maatschappij, en liefdesrelaties. De realistische roman, die de werkelijkheid beschrijft, heeft ook een filosofisch doel. We zullen later inderdaad zien dat het werk van Alexandre Dumas fils een moraliserende functie heeft. Tot de belangrijkste auteurs die tot deze stroming behoren, behoren Honoré de Balzac (1799-1850), Gustave Flaubert (1821-1880) of George Sand (1804-1876), een goede vriend van Alexandre Dumas fils. Deze tendens leidde tot het naturalisme, waarvan de leider, Émile Zola (1840-1902), de omstandigheden van de arbeidersklasse van zijn tijd beschreef. Ten slotte zij opgemerkt dat deze literaire stromingen een grote invloed hebben gehad op de ideeëngeschiedenis, aangezien zij de weg hebben geëffend voor de opkomst van de Franse sociologie, die aan het eind van de 19e eeuw door Émile Durkheim (Frans socioloog, 1858-1917) werd gesticht. *The Lady of the Camellias* beantwoordt aan bepaalde criteria van de realistische stroming, aangezien de auteur een nauwkeurige beschrijving geeft van het sociale milieu in Parijs en de levensomstandigheden van courtisanes.

 ## HISTORISCHE CONTEXT

La Dame aux Camélias werd gepubliceerd in een turbulente tijd in de Franse geschiedenis: tot 1848 leefde Frankrijk onder de monarchie van koning Louis-Philippe. Op 23 februari 1848 (het jaar waarin de roman werd gepubliceerd, een jaar na de dood van Marie Duplessis) vestigde een revolutie de Tweede Republiek. Maar dit duurde niet lang, want op 2 december 1851 nam Napoleon III via een staatsgreep de macht over en vestigde het Tweede Keizerrijk.

Een sociale kritiek

In *De dame met de camelia's doet* Alexandre Dumas fils meer dan het leven van courtisanes en het burgerlijke milieu van zijn tijd beschrijven. Er is een echte sociale kritiek die door het hele boek loopt. Allereerst stelt de auteur de burgerlijke hypocrisie van gehouden vrouwen aan de kaak. Hij doet dit aan het begin van het boek door de spot te drijven met de nieuwsgierigheid van eerbiedwaardige vrouwen, die de dood van Marguerite Gautier en de veiling van haar bezittingen aangrijpen om haar huis te bezoeken en meer te weten te komen over deze courtisanes met wie ze dagelijks in theaters en operahuizen in aanraking komen: "Degene in wier huis ik verbleef was dood; de meest deugdzame vrouwen konden dus haar kamer binnengaan" (p21). Later zet de auteur zijn kritiek voort via de scène op het kerkhof: hij praat met de tuinman die uitlegt dat enkele burgerlijke families, toen ze vernamen dat Marguerite Gautier naast hun voorouders begraven lag, geklaagd hadden en eisten dat het lijk verplaatst zou worden. De tuinman laat niet na de verteller erop te wijzen dat deze families de graven van hun familieleden nooit bezoeken en ze niet onderhouden. Via deze anekdote wordt de hypocrisie van de burgerlijke waarden aan de kaak gesteld. Het hele verhaal van Marguerite Gautier in de roman dient ook om het imago van de courtisane te rehabiliteren:

Marguerite Gautier geeft blijk van een morele kracht en vrijgevigheid van geest die ontbreekt bij alle personages om haar heen: bij de andere courtisanes natuurlijk, maar ook en vooral bij de graven, hertogen, edelen en rijken die haar minnaars zijn, bij M. Duval, de vader van Armand, en bij haar vrienden. In *La Dame aux camélias heeft* de courtisane meer deugden dan de edelen die het genot van haar schoonheid kopen, voordat ze oud wordt en aan haar lot wordt overgelaten zoals Prudence Duvernoy. Marguerite Gautier, hoe courtisane ze ook is, is in staat tot diepe en totale liefde. Meer dan dat, ze streeft naar geluk: het hare eerst, maar ook dat van Armand en zelfs dat van M. Duval en zijn dochter, die ze niet kent. Toch wordt haar dit geluk ontzegd in naam van burgerlijke morele waarden van respectabiliteit. Armand zelf vindt het moeilijk haar te begrijpen en lief te hebben, vanwege haar zwavelachtige verleden.

DE ONTVANGST EN HET EFFECT VAN HET WERK

La Dame aux Camélias was een groot succes toen het voor het eerst werd gepubliceerd. Alexandre Dumas fils liet het onmiddellijk bewerken voor het theater, maar het werd aanvankelijk gecensureerd als onzedelijk. Uiteindelijk werd het, dankzij een verandering van predikant, in 1852 voor het eerst opgevoerd in het Vaudeville theater. Het was een fenomenaal succes, zodanig dat het het boek overschaduwde. Op de avond van de première was de Italiaanse componist Giuseppe Verdi (1813-1901) aanwezig. *The Lady of the Camellias was een* grote inspiratie voor hem, omdat ook hij een schandalige liefdesaffaire beleefde die zijn vader probeerde tegen te houden. Op basis van *The Lady of the Camellias* componeerde Verdi in 1853 zijn beroemde opera *La Traviata*. De roman werd vervolgens vele malen bewerkt in verschillende artistieke vormen. Ten minste vijftien films zijn min of meer direct op het werk geïnspireerd vanaf 1907, met de eerste verfilming door Viggo Larsen, tot heden (Baz Luhrman's *Moulin Rouge,* uitgebracht in 2001, is geïnspireerd op de roman). Het toneelstuk is ook verschillende keren bewerkt en er zijn verschillende balletstukken gemaakt op basis van de roman. Het personage van Marguerite Gautier heeft een wereldwijde impact gehad en heeft zelfs enkele Argentijnse tango's geïnspireerd, zoals *Margarita Gautier* of *Margo.*

Ondanks de grote impact van het boek en de enthousiaste ontvangst ervan ten tijde van de publicatie, *werd* de auteur van *La Dame aux Camélias* vaak bekritiseerd door zijn tijdgenoten. In een tijd waarin de realistische beweging overheerste, verweten veel schrijvers hem zijn uitgesproken smaak voor bon mots, kwinkslagen en stijlfiguren. Rémy de Gourmont (Franse schrijver, 1858-1915) schreef in 1896: "Alexandre Dumas fils is geen groot schrijver" (p. 270), terwijl Émile Zola in 1876 opmerkte: "Ik houd niet van het talent van M. Alexandre Dumas fils. Hij is een extreem overschatte schrijver, met een middelmatige stijl en een door de vreemdste theorieën gekrompen opvatting. Ik denk dat het nageslacht hem hard zal aanpakken" (Œuvres *complètes*, Vol. XII, p627). Gezien de zeer vele bewerkingen van *La Dame aux camélias is het duidelijk dat* Emile Zola zich op dit punt vergist heeft. Men kan aannemen dat sommige van deze kritieken niet alleen door literaire redenen werden ingegeven. Zo zei Léon Bloy (Frans romanschrijver en essayist, 1846-1917): "Deze mulat… was een dwaas en een hypocriet" (p.270).

Deze openlijk racistische opmerking (*mulat* is een woord dat is afgeleid van "muilezel", waarmee tijdens de koloniale periode mensen van gemengd ras werden aangeduid) verwijst naar de afkomst van Alexandre Dumas fils. Net als zijn vader was hij de afstammeling van een slavin in Saint-Domingue (het huidige Haïti, een voormalige Franse kolonie) die een kind had gekregen van haar meester.

MOGELIJKHEDEN TOT BEZINNING

EEN PAAR VRAGEN OM OVER NA TE DENKEN...

- Waarom kunnen we zeggen dat *La Dame aux Camélias* deel uitmaakt van de realistische beweging?

- Op welke manier kiest de auteur de kant van de courtisanes van zijn tijd?

- Wat motiveerde Armand om meerdere keren van Marguerite Gautier te scheiden?

- Wat motiveerde Marguerite Gautier om Armand te verlaten?

- Waarom onderscheidt Marguerite Gautier zich van andere courtisanes?

- Wat vertelt het personage van Prudence Duvernoy ons over de levensomstandigheden van courtisanes?

- Is Armand verkeerd om jaloers te zijn?

- [e]Wat vertelt de roman ons over het leven in Parijs in het midden van de vorige eeuw?

OM VERDER TE GAAN

REFERENTIE-UITGAVE

DUMAS A. fils, *La Dame aux camélias,* Le Livre de poche, 1975.

BENCHMARKSTUDIES

LIVIO, A. *Voorwoord en commentaar* (opgenomen in de referentie-uitgave) Le Livre de poche, 1975.

AANVULLENDE BRONNEN

PRÉVOST, A.F. *Manon Lescaut,* 1731

AANPASSINGEN

VERDI, G. *La Traviata*. 1853, opera.

DUMAS, A. *La Dame aux camélias*, 1852, toneelstuk.

DE CECCATTY, R. *La Dame aux camélias*, 2000, toneelstuk.

LARSEN, V. *The Lady of the Camellias*, 1907, film.

CUKOR, G. *Le roman de Marguerite Gautier*, 1936, bioscoop.

SAUGET, H. *La Dame aux camélias*, 1957, ballet.

LEFEBRE, J. *La Dame aux camélias*, 1980, ballet.

*We horen graag van jou! Laat
een reactie achter op jouw online bibliotheek
en deel je favoriete boeken op social media!*

De uitgever garandeert de betrouwbaarheid van de gepubliceerde informatie, die echter niet onder zijn verantwoordelijkheid valt.

www.50minutes.com

Master ISBN: 9782808688222
Papier ISBN: 9782808699624
Wettelijk depot: D/2023/12603/1242

Omslag: © Primento

Digitaal ontwerp: Primento, de digitale partner van uitgevers.